OBSERVATIONS

D'UN ANCIEN DÉPUTÉ AU CORPS LÉGISLATIF,

SUR LA NÉCESSITÉ

D'UNE

CHARTE CONSTITUTIONNELLE

LIBREMENT DISCUTÉE ET ACCEPTÉE

PAR LES

REPRÉSENTANS DE LA NATION.

PARIS.

1814.

Je n'ai point pour but de démontrer, dans cet Ecrit, qu'un Gouvernement ne peut être *légitime* qu'autant qu'il est fondé sur l'autorité des lois; cette vérité, qui résulte de la seule définition du mot *légitime*, me parait trop évidente pour être susceptible de démonstration. L'objet que je me propose est de prouver, par les faits, qu'une loi constitutionnelle, librement adoptée par la Nation ou par ses Représentans, est beaucoup plus nécessaire au salut du Gouvernement, qu'à la sûreté des Citoyens.

OBSERVATIONS

SUR LA NÉCESSITÉ

D'UNE

CHARTE CONSTITUTIONNELLE.

———

Une famille, que la nation française est habituée à chérir et à respecter, est rappelée sur le même trône où plusieurs de ses ancêtres avaient apporté les qualités qui font le bonheur des peuples : un prince qui, au faîte de la grandeur, avait manifesté les principes les plus justes, les plus populaires, qui s'est montré généreux dans l'adversité, qui est instruit par une longue expérience dans la connaissance des hommes et des choses, tient les rênes du Gouvernement, et nous présente déjà la perspective de l'avenir le plus heureux.

Tous les bons citoyens, tous les amis de l'ordre et de la paix, tous ceux qui pensent assez bien pour confondre leur intérêt particulier avec l'intérêt général, qui veulent n'être heureux que par le bonheur commun, qui ne font pas consister leur attachement pour le prince dans de vaines démonstrations, mais qui se font un devoir de seconder ses efforts, de le servir fidèlement, désirent fortement voir la couronne de France affermie pour toujours sur la tête de ce prince et des membres de sa famille. La révolution est finie : il faut que nous n'en ayons plus à craindre, que toutes les divisions cessent, que tout esprit de parti s'éteigne, qu'il n'existe plus de ligne de démarcation entre les citoyens; que nul individu, nulle coterie, nulle faction, ne puissent plus, par des menées sourdes, par de basses intrigues, troubler la tranquillité publique, et donner des inquiétudes au Gouvernement.

Nous ne devons pas nous dissimuler qu'il est encore environné de beaucoup d'écueils. Des hommes turbulens et agitateurs par caractère ou par besoin, voudraient que le Roi servît aveuglément leurs vues ambitieuses. Ils ne l'aiment qu'en raison du bien qu'ils en attendent. Ils ne s'empressent autour de lui que pour l'accabler par leurs importunités, pour lui arracher des faveurs qu'il ne peut pas leur accorder, pour obtenir des récompenses qu'ils n'ont pas méritées. Leur enthousiasme, toujours simulé, ne dure qu'autant qu'ils sont satisfaits. La volonté du prince, aux pieds duquel ils se vautrent, ne compte pour rien auprès d'eux, dès qu'elle a pour objet des mesures qui blessent d'une manière quelconque leurs intérêts particuliers. Rarement ils sont contens, quelque bien qu'on leur fasse ; ils sont toujours prêts à pratiquer de nouvelles manœuvres, pour amener d'autres changemens, dans l'espoir de quelque chose

de mieux. Ce n'est donc pas de leurs dé-
sirs qu'il faut s'occuper, mais du besoin
de la nation.

Or, que veut aujourd'hui la Nation?
que peut-elle constamment vouloir?
ce qu'elle voulait en 1789; ce que le Roi
voulait encore plus fortement qu'elle :
la cessation de l'arbitraire, la répression
des abus, l'abolition des priviléges qui
faisaient peser toutes les charges de
l'Etat sur la classe des citoyens les plus
utiles, un Gouvernement sage, juste,
économe et vigoureux, autour duquel
elle puisse se rallier franchement et loya-
lement, avec la certitude que rien ne
pourra jamais dissoudre cette union, et
séparer ses intérêts de ceux du prince.

Cela ne peut être ainsi que par l'effet
d'une confiance entière et réciproque,
soutenue par des institutions sages et
assez fortes pour résister à toutes les
attaques de la jalousie, de l'intrigue et
de l'ambition. Quelques hommes estima-
bles ont manifesté des doutes sur la né-

cessité d'une Constitution. Entraînés par le désir de plaire, ou par un zèle mal-entendu, ils ont demandé au Roi qu'il voulût bien s'emparer de la puissance suprême, et ne pas permettre qu'il y fût mis de bornes. Ils n'ont pas fait atten-tion que dans l'état où les esprits et les choses ont été amenés en France, nul Gouvernement ne peut plus s'y soutenir qu'avec l'appui de la Nation, et que cet appui ne peut lui être sssuré que par un Pacte social, dans lequel les droits du peuple et le pouvoir du Prince seront sagement calculés et balancés. Il ne peut exister d'ennemis des lois que parmi les malfaiteurs qui en redoutent le glaive, ou parmi les égoïstes qui vou-draient qu'il ne fût mis aucun frein à leur ambition.

L'on pourra me répondre que nous n'avons jamais eu autant de Constitu-tions que depuis vingt-cinq ans ; que toutes ont été renversées presqu'aussi-tôt qu'elles ont été formées, et que

nous n'avons jamais été plus malheureux. Mais cela prouve seulement que
ces Constitutions faites précipitamment,
au milieu d'une infinité de partis, n'ont
pas eu le degré de perfection nécessaire pour être durables. D'ailleurs,
elles ont été livrées, sans leurs appuis
naturels, sans aucune des précautions
que la sagesse prescrivait, à des mains
trop faibles pour les défendre, ou à des
hommes qui, ne réunissant pas tout ce
qui était nécessaire pour se concilier
l'estime et la confiance générales de la
Nation, n'ont pas été suffisamment sou-
tenues par elle, et ont dû nécessairement succomber sous les efforts des
factions liguées contre tout ce qui tendait au rétablissement de l'ordre et de
la vraie morale publique.

Aujourd'hui nous ne sommes plus
dans la même position, nous n'avons
plus les mêmes inconvéniens à craindre, pourvu que, bien pénétrés des
causes qui les ont amenées, nous sa-

chions mettre à profit les leçons de l'expérience, et éviter les écueils contre lesquels nos prédécesseurs ont échoué.

Sous les Rois de la première race, le Gouvernement était une démocratie tempérée par le pouvoir du prince et des grands, qui formaient un conseil chargé du pouvoir exécutif. Le peuple, réuni au Champ-de-Mars, exerçait la puissance législative ; mais il négligea dans la suite de se rendre à ces assemblées. Le prince s'empara de ses droits, mais il en fut bientôt dépouillé par les grands ; et il devint à son tour l'esclave et la victime du pouvoir qu'il leur avait laissé prendre. Dès qu'il eut épuisé les bénéfices avec lesquels il les avait gagnés, cette première race de nos Rois fit bientôt place à une autre.

Charlemagne sentit que sa famille ne pourrait se soutenir sur le trône qu'elle venait d'usurper, qu'avec l'appui d'un Gouvernement régulier et juste ; un de ses premiers soins fut de rétablir les droits de la nation : ses représentans aux assemblées du Champ-de-Mars exercèrent de nouveau toute la puissance législative. Charlemagne ne conserva dans ses mains que le pouvoir exécutif, et celui de faire, dans des cas extraordinaires, des règlemens qui n'acquéraient force de loi que lorsqu'ils avaient été confirmés par l'assemblée de l'année suivante.

Ce Gouvernement, un des plus sages qui aient existé, péchait essentiellement, en ce qu'il ne réglait pas, d'une manière assez précise, la forme dans laquelle l'assemblée du Champ-de-Mars devait procéder à la confection des lois, et sur tout en ce qu'il ne rendait pas la réunion de cette assemblée, et son existence, indépendantes de la volonté du Prince. Les successeurs de Charlemagne, en établissant la féodalité et en cessant de convoquer les assemblées du Champ - de - Mars, opérèrent la ruine du Gouvernement et de leur famille.

Cependant la puissance féodale éprouva quelques secousses sous le règne de
Philippe-Auguste, de Saint-Louis, et
de Philippe de Valois, et la Nation
recouvra, du moins en apparence, une
partie de ses droits, par le rétablissement des assemblées de ses représentans, sous la dénomination d'*Etats-généraux*.

Il s'était écoulé, sous les règnes de
Henri IV, de Louis XIII, de Louis XIV,
de Louis XV et de Louis XVI, un espace de près de cent quatre-vingt ans
sans qu'ils eussent été convoqués ; mais
les Parlemens s'en étaient arrogé les
pouvoirs. Quoique l'enregistrement des
lois, par ces Cours souveraines, fût
une formalité presque toujours illu-
soire ; quoiqu'il ne fût pas suffisant pour
remplacer le consentement de la Nation, qui ne leur en avait pas transmis
le droit, il n'atteste pas moins que la
nécessité de ce consentement a toujours
été reconnue, même par les Princes qui

avaient exercé en France le pouvoir le plus absolu.

Le pouvoir arbitraire s'était soutenu, avec l'appui de la noblesse et du clergé, qui en retiraient tous les avantages, parce que, pendant long-temps, le Gouvernement avait été dirigé par des mains habiles, et que le peuple français, naturellement doux et insouciant, habitué à chérir ses Rois et à respecter leur volonté, avait fini par s'y soumettre aveuglément.

Mais tout pouvoir qui est absolu, est nécessairement accompagné de beaucoup d'abus : or, les abus amènent nécessairement le désordre, le mécontentement, et, par une suite nécessaire, le renversement du pouvoir sous lequel ils se sont établis ; alors les grands ne cherchent qu'à se maintenir dans la mollesse, dont ils se sont fait un besoin : les autres classes, accablées sous le poids des charges que le Gouvernement leur impose, n'ont jamais la volonté de le servir. Tous les individus s'isolent pour ne s'occuper que d'eux-mêmes ; ceux qui souffrent, ne soupirent qu'après le moment où ils pourront sortir de l'état où ils se trouvent, et ils se flattent toujours d'être plus heureux dans un nouvel ordre de choses. Les uns et les autres, loin d'aider à conserver celui qui existe, sont toujours prêts à faire ou laisser faire tout ce qui tend à le détruire : notre révolution nous en offre un exemple bien frappant.

« En 1787, dit M. de Bouillé dans ses « Mémoires, le trésor public était épuisé, « les fonds étaient prodigués à cette foule « d'insectes qui composaient ou environ-« naient la cour. Le désordre des finances « allait toujours croissant, quoique, dans « l'espace de peu d'années, les impôts « eussent été augmentés dans la propor-« tion de quatre à trois. Ce désordre, oc-« casionné par une suite non interrom-« pue d'extravagances, avait été encore « augmenté par la guerre d'Amérique,

« qui avait coûté douze cent millions. »

M. l'abbé Tardeau avait tenu à-peu-près le même langage dans le rapport qu'il fit au Parlement, en présence du Roi, le 19 novembre 1787.

C'est ainsi que, sous le règne de ce prince vertueux, l'immoralité, les abus avaient été portés à leur comble, et que toutes les ressources de l'Etat avaient été épuisées. La fiscalité la plus subtile ne put jamais parvenir à élever les revenus au niveau des dépenses ; un vide affreux s'y faisait remarquer chaque jour d'une manière effrayante. Le Roi voulut établir de nouveaux impôts pour faire face à ce déficit ; mais les Parlemens s'y opposèrent avec une opiniâtreté qu'il ne put jamais parvenir à vaincre.

Il réunit alors tous les notables du royaume pour délibérer sur les moyens à prendre dans la position critique où il se trouvait. Il leur proposa un plan de restauration qui tendait à une répartition plus égale des impôts, à l'abo-

lition de quelques privilèges, à des
changemens dans l'administration des
provinces, etc. etc.

Ce plan froissait les intérêts de tous
ceux qui composaient l'assemblée à laquelle il était soumis. La majorité d'entr'eux fut sourde aux exhortations du
Roi ; il eut beau prendre à leur égard les
engagemens les plus solennels et les plus
propres à les tranquilliser pour l'avenir,
« les assurer que s'ils refusaient les
secours qu'il leur demandait, le salut
de l'Etat serait essentiellement com-
promis, » rien ne put vaincre leur
obstination et leur égoïsme ; le plan
proposé fut rejeté.

Le Roi le remplaça par d'autres que
le Parlement de Paris rejeta également,
malgré tout l'appareil de la puissance dé-
ployé pour le forcer à les accepter ; il
voulut alors créer une Cour plénière, au
moyen de laquelle il pût écarter les Parlemens, et se débarrasser des entraves qu'ils
mettaient à ses projets de restauration ;

mais le Parlement de Paris déclara in-
fâmes ceux qui accepteraient des places
dans cette Cour ; celui de Rennes se dis-
tingua aussi par la véhémence de ses
arrêtés ; tous les autres suivirent ces
exemples, et le Roi fut forcé de re-
noncer à la Cour plénière. On parvint
même à monter le peuple à un tel point,
que des princes, qui font aujourd'hui
l'espoir de la France, coururent des
dangers lorsqu'ils furent à la Cour des
aides pour y faire enregistrer les édits
que le Parlement avait refusé d'enregistrer.

L'on se rappelle toujours avec atten-
drissement les sentimens paternels que
le Roi manifesta dans cette occasion,
et le chagrin qu'il éprouva de se voir
privé des secours qu'il avait lieu d'at-
tendre du dévouement des notables de
son royaume. Ce prince malheureux
avait été doué par la nature de toutes
les qualités qui caractérisent un bon
père de famille, un parfait honnête

homme. Son éducation avait ajouté à ces qualités les sentimens et les principes d'un Roi vraiment popu aire ; mais il eut le défaut de toutes les belles ames, celui de croire trop aveuglement à la vertu des hommes, et de n'être pas assez en garde contre les piéges de toute espèce que lui tendaient les passions qui se groupent toujours autour des trônes, et qui ne permettent jamais au vrai mérite d'en approcher.

La résistance des ordres privilégiés et des Parlemens aux vues paternelles du Roi, le mirent dans la nécessité de recourir à la Nation toute entière ; il compta sur l'amour, sur la fidélité de ses sujets, et les Etats-Généraux furent convoqués.

Ils l'avaient été pour la dernière fois en 1614. Le Tiers-Etat y avait été absolument nul, parce qu'il avait été formé de manière à donner une prépondérance absolue au clergé et à la noblesse.

Tous ceux qui tenaient au parti opposé au Roi s'étaient flattés que le même système serait adopté pour les Etats de 1789, et qu'ils les maîtriseraient à leur gré. Ils n'avaient rien négligé pour rendre leur convocation indispensable.

Le clergé se flattait de faire retirer l'édit des protestans, et de se dispenser pour l'avenir des faibles rétributions auxquelles il avait été de temps en temps soumis, lorsque des besoins très-pressans l'avaient exigé ; les nobles voulaient abaisser les favoris de la Cour dont ils étaient jaloux, et se mettre à leur place ; les Parlemens voulaient se venger des humiliations qu'ils avaient éprouvées depuis quelques années, et partager avec le Roi l'autorité souveraine.

Les uns et les autres n'étaient occupés qu'à sapper la puissance du Roi, qui mettait obstacle à leurs projets ; ils n'épargnaient pas même sa personne et sa famille, pour les rendre en quelque sorte odieux au peuple. Indépendamment des vues dont je viens de parler, tous en voulaient à ce prince infortuné, de ce qu'il avait toujours manifesté des vertus qu'ils étaient loin de partager, et des principes contraires à leur ambition, à leurs priviléges, aux abus dont ils profitaient. Mais rien ne put l'ébranler, ni l'intimider. Il opposa aux efforts de ceux qui voulaient le subjuguer, une fermeté qui malheureusement ne se soutint pas assez long-temps. Il fut en conséquence décidé, malgré la résistance la plus opiniâtre de la part des privilégiés, d'abord que le tiers-état aurait un nombre de députés égal à celui de la noblesse et du clergé réunis, et ensuite qu'il serait délibéré par têtes et non par ordres, ce qui enlevait aux privilégiés la prépondérance sur laquelle ils avaient fondé tout leur espoir.

Le peuple avait été jusque là tout-à-fait étranger à ces débats, à ces calculs de la politique des Cours ; il souffrait patiemment les maux qui pesaient sur lui, et il ne pensait pas même qu'il fût possible d'y apporter remède. La révolution était déjà faite par les ordres privilégiés, lorsque la convocation des Etats-Généraux lui fut annoncée. Il était peu en état d'apprécier le bien qui pouvait en résulter pour lui, et de juger s'il devait réellement s'en féliciter ; il ne savait pas s'il en était redevable à la résistance des Parlemens ou aux vues bienfaisantes de Louis XVI, et il était resté indifférent sur les débats dont il avait été le témoin. Mais les discussions qui eurent lieu aux Etats-Généraux, les prétentions exagérées des ordres privilégiés, ne tardèrent pas à éclairer le peuple sur les intentions paternelles du Roi, qui devint dès ce moment-là son idole. Jamais prince n'a joui d'un amour plus général et plus sincère.

La fermeté du Roi désespéra les ordres privilégiées qui ne s'y étaient nullement attendus ; dès ce moment-là ils

se mirent en guerre ouverte contre lui,
pour l'allarmer sur les suites du système
qu'il venait d'adopter; ils provoquèrent
des émeutes populaires, des agitations,
des troubles, des atrocités qu'ils ne
manquèrent pas de faire considérer
comme le résultat de ces systêmes.

C'était attaquer, par l'endroit le plus
sensible, ce bon prince, à qui l'on avait
soin de tenir cachés les ressorts secrets
par lesquels on faisait mouvoir tout ce
qui se passait autour de lui. On parvint
à lui inspirer des craintes sur la loyauté,
sur la fidélité des représentans du peuple;
on fit intervenir le Pape; sa conscience
fut allarmée; il montra de l'hésitation.
Ses ministres agirent souvent d'une manière opposée à son langage et à ses
principes, qu'ils ne partageaient pas. On
lui fit faire de fausses démarches, qui
firent naître des doutes sur la loyauté
de sa conduite et de ses promesses, et
la confiance que le peuple avait en lui,
en fut altérée. L'Assemblée nationale

fut elle - même souvent entraînée hors
des limites que la sagesse lui prescrivait;
sa marche fut bientôt aussi incertaine
que celle du ministère ; ses séances de-
vinrent une arène dans laquelle les dif-
férens partis se disputaient le terrein
pied à pied; dès lors, il n'y eut plus que
trouble et confusion.

Les bons citoyens , ceux que j'appel-
lerai les Patriotes royalistes de 1789,
étaient vivement affligés de toutes ces
agitations , du désordre qui en résultait
et dont il était aisé de prévoir les suites.
Ils se rallièrent au parti du Roi, aux
principes qu'il avait proclamés ; et ils y
sont constamment restés attachés ; ils
n'ont cessé depuis d'être en butte aux
traits de la méchanceté, de la vengeance
du parti qui lui était opposé, et comme
lui, presque tous en sont devenus les
victimes.

Ne perdons jamais de vue que parmi
celles du terrorisme de 1793, de la réaction de 1794, et de toutes celles qui se

sont succédées depuis, l'on ne trouve, en
général, que des nobles qui, comme les
d'Estaing, les Malesherbes, s'étaient montrés attachés à Louis XVI, à ses principes, et des administrateurs ou autres
fonctionnaires publics qui, fidèles aux
mêmes principes, étaient restés étrangers à toutes les factions, à toutes les
horreurs qu'elles avaient fait commettre,
et s'étaient toujours montrés fidèles au
Roi, en faisant exécuter les lois procla-
mées en son nom.

Quelque masque qu'aient pris ceux
qui les ont proscrits, est-il une seule
personne instruite et de bonne foi, qui
puisse se méprendre sur les véritables
provocateurs de tant de crimes? Peut-on
ignorer que la plupart des hommes à qui
ces crimes paraissent inspirer aujour-
d'hui tant d'horreur, sont ceux-là mêmes
à qui il faut les attribuer ? Ne voit-
on pas qu'ils n'ont d'autre but, dans
leurs violentes déclamations, que de
faire oublier, s'il était possible, qu'ils en

sont eux-mêmes les auteurs ou les insti-
gateurs, et de détruire les restes de ce
parti populaire, dont les vertus, les
principes et le dévouement, les offus-
quent encore et troublent leurs cons-
ciences agitées?

Ce fut au milieu de la lutte de toutes
les passions, que l'Assemblée nationale
discuta la Constitution de 1791 ; elle ne
put pas, dans cette discussion, se maintenir dans le calme qu'un si important
objet aurait exigé, et dans l'attitude
loyale et grande qu'elle avait prise ; son
ouvrage ne fut pas aussi parfait qu'on
l'aurait désiré ; par surcroît de malheur,
elle fut forcée de se séparer pour assurer le maintien de la Constitution qu'elle
avait faite, et pour affermir l'autorité
qui devait la maintenir.

Louis XVI perdit en elle son unique
appui. Les factions s'agitèrent dans tous
les sens, avec une violence extrême,
sous l'Assemblée législative. Isolé au
milieu de toutes ces factions, le Roi

trompé, égaré par tous ceux en qui il
mettait sa confiance, abandonné par tous
ceux qui devaient lui servir d'appui,
n'apercevait de toutes parts que des
piéges qui lui étaient tendus ; il ne lui
restait d'autre moyen de salut, que dans
le dévoûment de la nation, mais on lui
avait inspiré des craintes, de la mé-
fiance ; il n'osa pas employer ce moyen,
et son trône, que la nation cessa de soutenir, fut renversé comme vient de
l'être celui de Bonaparte (1).

C'est au milieu de ces désordres que

---

(1) Le gouvernement impérial a été plusieurs
fois attaqué dans l'intérieur, et jamais la nation
n'a songé à le défendre ; lorsque les puissances
de l'Europe se sont coalisées pour le détruire,
les Français sont restés étrangers à la lutte qui
s'est engagée entr'elles et lui. Si, comme le Corps
législatif l'avait demandé dans sa dernière séan-
ce, l'Empereur avait rétabli la Constitution, et
qu'il en eût corrigé les vices, la France se serait
levée pour le défendre, et elle l'aurait sauvé, ou
serait tombée avec lui.

fut convoquée cette convocation nationale, contre laquelle on se déchaîne avec
tant de fureur, et qui cependant, en
l'absence de tout Gouvernement, en
présence des armées ennemies qui ve-
naient d'envahir une partie de la France,
au milieu des poignards dont on avait
armé l'anarchie, eut le courage de
prendre les rênes d'un Gouvernement
qui n'existait plus, d'en rassembler les
lambeaux dispersés de toutes parts; et
sans finances, sans armées, sans crédit,
parvint par son énergie, par les grandes
mesures qu'elle conçut et qui ont étonné
l'Europe, à tirer la France de l'abîme
où elle était déjà plongée.

La ville de Paris, par l'influence d'un
Comité secret, qui avait provoqué sour-
dement toutes les agitations dont je viens
de parler, avait choisi pour ses représentans dans cette assemblée, Marat,
Robespierre, Danton et autres, que les
bons citoyens ont toujours regardé comme les agens secrets des ennemis de la

Constitution et du Roi qui avait juré
de la maintenir. Ils se hâtèrent de cons-
tituer la France en République , avant
que tous les députés des départemens
fussent arrivés, afin de ne laisser aucun
moyen de relever le trône qu'ils avaient
renversé au 10 août, et de sauver le Roi
dont ils avaient juré la perte.

Ils avaient établi les Clubs des Jaco-
bins et des Cordeliers, à côté de la Convention, pour la maîtriser ; et dans ces
Clubs, ils avaient placé des conspirateurs,
couverts du masque du patriotisme le
plus exalté, pour en diriger la marche
vers le but qu'ils avaient en vue, et faire
proscrire les hommes qui y mettaient
obstacle par leur énergie et leur fermeté.

Les députés de Paris étaient encore
soutenus par la même assemblée qui
leur avait donné ses suffrages , par une
municipalité toujours prête à se mettre
à la place de la Convention , au premier
signal des meneurs, et par la grande
masse des habitans de Paris, qu'on éga-

rait, qu'on soulevait toutes les fois que c'était nécessaire pour l'exécution de quelqu'un de leurs projets.

Tirons un voile sur toutes les horreurs que ces monstres ont fait commettre, et qui ont fait verser des larmes si amères à tous les Français vraiment attachés à leur patrie et à leur Roi. Puissent tous ceux qui ont à se les reprocher, se rendre assez de justice pour ne jamais nécessiter une justification complète de la part de ceux qu'ils ont l'impudeur d'en accuser.

L'établissement du gouvernement directorial qui remplaça la Convention, trompa les espérances des factieux; mais ils ne tardèrent pas à sentir qu'un pouvoir divisé entre cinq individus, et toujours contrarié dans sa marche par un autre pouvoir établi à côté de lui, ne se soutiendrait pas long-temps. Les factieux, les mal-intentionnés firent jouer tous les ressorts de leur perfide tactique pour diviser ces deux pouvoirs, et pour

les entraîner dans des écarts dont ils
profitèrent pour les détruire. Tiraillé
dans tous les sens, le Directoire ne savait plus à qui il devait accorder sa confiance. On parvint à lui faire suspecter
les meilleurs citoyens, et il finit par
adopter un système de bascule, qui le
laissant isolé au milieu des factieux, le
fit succomber sous les premiers efforts
qui furent faits pour le renverser.

Toute la France se serait alors ran-
gée du côté des Bourbons, si les propos,
les jactances, les menaces de ceux qui
se disaient leurs agens, n'avaient pas
fait naître les plus vives alarmes dans
tous les bons esprits, et fait redouter la
réaction la plus cruelle. Malheureusement les hommes qui n'agissent pas par
eux-mêmes ne peuvent être jugés que
par ceux qui les servent ou qui paraissent les servir ; et quels princes furent
jamais plus mal servis, et trompés plus
cruellement que les Bourbons, par ceux
qui affectèrent pour eux le plus absolu

dévouement ? Que de sommes détour-
nées de la destination que ces princes
leur avaient donnée, n'ont été em-
ployées que pour l'intérêt particulier
de ceux à qui elles avaient été confiées ?
Que de gens se font un mérite d'un
zèle qui n'était provoqué que par leurs
intérêts personnels, et qui n'a été utile
qu'à eux ?

Ce ne fut que par ces motifs que,
lorsque la chute du gouvernement directorial parut inévitable, ceux qui s'oc-
cupèrent à lui en subtituer un autre
n'appelèrent pas les Bourbons. Ils pro-
posèrent d'abord à Moréau d'en être le
chef ; mais fidèle alors à sa patrie et à
ses principes, il repoussa cette propo-
sition avec une sorte d'horreur : elle fut
faite à Bonaparte, qui était trop ambi-
tieux pour la refuser.

Beaucoup de basses manœuvres que
je n'ai pas approfondies, furent prati-
quées à cette époque ; mais enfin le
gouvernement consulaire fut établi sous

la constitution de l'an 8. Toutes les factions espéraient s'emparer de lui, et le faire servir d'instrument à l'exécution de leurs projets. Il se joua de tous les factieux ; ils s'en sont vengés en flattant ses passions et en l'excitant à mille extravagances qui l'ont amené à sa perte.

Louis XVIII, qui le remplace sur le trône, y a été appelé par le vœu de la nation, et accueilli avec enthousiasme par les vrais Français. Tous désirent qu'il y soit affermi d'une manière inébranlable ; mais comment pourrait-on l'espérer après tous les exemples que l'histoire nous présente, sans une Constitution qui lui serve d'appui ?

Sans cet appui, qui le garantira des secousses auxquelles il sera continuellement exposé, même de la part de ceux qui prétendent être ses amis exclusifs ? Ils forment autant de partis qu'il y a parmi eux de coteries ; chacune a ses vues particulières, et chacune voudrait que le prince agît toujours dans le sens qui lui serait le plus favorable.

Déjà ne voit-on pas ses ordres mé-
connus par eux dans plusieurs départemens? Jamais la rentrée des impôts ne
fut si nécessaire, et cependant ses amis
exclusifs se révoltent contre ceux qui
sont chargés de les percevoir. Jamais il
ne fut plus essentiel de voir l'union la
plus parfaite régner entre tous les Français, et jamais on n'a mis à les diviser
plus d'acharnement qu'on n'en met dans
ce moment.

Sera-ce sur le dévouement de ces
agitateurs que le prince établira la so-
lidité de son gouvernement? Il n'en re-
cevra certainement jamais le conseil de
la part de ceux qui lui sont véritable-
ment attachés.

Ceux qui demandent un gouvernement absolu prétendent qu'il faut re-
venir à ce qui existait en 1789. Mais
outre que les lumières sont aujourd'hui
généralement répandues, que tous les
citoyens connaissent leurs droits, et

les limites des pouvoirs du prince appelé à les gouverner ; les pouvoirs du roi étaient, en 1789, circonscrits et balancés par les prérogatives que les parlemens s'étaient arrogés, et par les priviléges du clergé, de la noblesse , qui leur servaient de contrepoids. Tout cela n'existe plus en France, et ne peut plus y exister. Ce serait une grande erreur que de prétendre le contraire. D'ailleurs, demander qu'on rétablisse les choses dans l'état où elles étaient en 1789, n'est-ce pas demander, en d'autres termes, qu'on reproduise les causes qui ont amené la révolution ?

Le Roi, sans une Constitution, n'aurait donc qu'un pouvoir sans appui, par conséquent exposé à toutes les entreprises des factieux et des mécontens, qui chercheraient à le renverser.

J'ai donc eu raison de dire qu'un Pacte social est bien plus nécessaire au Roi pour le maintien de son autorité, qu'à la nation pour la conservation de ses droits. Mais qu'entend-on par une Constitution ou Charte constitutionnelle? Ce n'est pas sans doute une déclaration de quelques principes vagues susceptibles de toutes les interprétations qu'on voudrait leur donner ; car il vaudrait mieux n'en avoir aucune. Toute Constitution qui serait incomplète pourrait devenir, entre les mains d'un usurpateur, un instrument qui ne servirait qu'à lui faciliter le moyen d'envahir le pouvoir suprême s'il y aspirait.

Il faut donc que chacune des dispositions de la Charte constitutionnelle soit développée avec beaucoup de clarté; que tous les pouvoirs soient bien déterminés, et que leur indépendance soit stipulée de manière qu'ils ne puissent jamais empiéter l'un sur l'autre : il faut sur-tout qu'une autoriré ne puisse jamais se considérer comme l'ouvrage de l'autre, car cela seul détruirait son indépendance ; et de là résulte la nécessité de présenter la Charte constitutionnelle à l'acceptation du peuple.

Mais c'est en vain qu'on présenterait la Charte constitutionnelle à l'acceptation des Français, si on ne la soumettait d'avance à la discussion et à l'approbation de leurs représentans. La faculté d'accepter ou de refuser une Constitution, suppose en effet la faculté d'en examiner et d'en discuter séparément chaque disposition ; or, cet examen ne pouvant pas être fait par la nation, il faut bien qu'il soit abandonné à ceux qui la représentent, et à qui elle a confié le soin de la défendre.

Si la Charte constitutionnelle qu'on se propose de donner à la France, était exclusivement l'ouvrage d'un individu auquel la nation n'aurait pas conféré le pouvoir de la faire, la majorité des Français ne la regarderait que comme un acte de violence, et ne négligerait rien pour se soustraire à son autorité, ou même pour la détruire. Ce serait en vain qu'on voudrait lui faire entendre qu'elle émane de la volonté d'un Roi *légitime;* on répondrait qu'un Roi n'a d'autre autorité que celle que la Constitution lui défère, et qu'ainsi ce n'est pas à lui qu'appartient le droit de faire la Constitution.

Il est une vérité qu'on ne doit point se dissimuler, et qu'il importe cependant de ne pas perdre de vue, c'est que la génération actuelle n'a jamais reconnu en France aucune autorité qui fût indépendante de la Nation, et qui eût le droit de lui dicter des lois; *Bonaparte* lui même, cet homme dont le déspotisme est en horreur, n'eut jamais assez de témérité pour prétendre que sa volonté dût faire loi : il fit bien professer cette doctrine par quelques-uns de ses satellites; mais, malgré l'adoucissement qu'il croyait y mettre, en se disant le premier représentant de la nation, la France en a fait justice, en demandant à grand cris sa déchéance.

Il serait aujourd'hui d'autant plus dangereux que le prince qui tient les rênes du gouvernement voulût donner seul une Constitution à la France, que ses ennemis personnels ne manqueraient pas de la faire considérer comme un attentat aux droits du peuple; ils profiteraient de la position malheureuse dans laquelle la France se trouve, pour faire entendre que le gouvernement exige des contributions avec la même autorité qu'il impose des lois constitutionnelles; et cette idée suffirait pour aliéner l'esprit de la nation, et pour lui faire perdre la confiance qu'elle doit avoir dans les hommes destinés à la gouverner.

Mais si jamais les individus qui désirent de voir renverser l'ordre de choses qui s'établit, parvenaient à faire suspecter les bonnes intentions des princes qui nous gouvernent, à quelles catastrophes épouvantables ne serions-nous pas exposés? Tous les partis se déchaîneraient

avec violence les uns contre les autres,
et le peuple, toujours trompé et ne sa-
chant à qui se rallier, resterait specta-
teur immobile de leurs guerres et de
leurs fureurs, en attendant d'être la
proie du vainqueur. On ne saurait donc
trop le répéter, ce n'est qu'en inspirant
de la confiance à la nation que le Gouvernement peut exiger d'elle les sacri-
fices nécessaires pour le maintien de sa
propre autorité, et pour réparer les
malheurs qui ont pesé sur la France ; or,
ce n'est qu'en renonçant franchement à
toute espèce d'arbitraire, ce n'est qu'en
laissant librement agir et délibérer les
corps chargés de défendre les droits de
la nation, que le Gouvernement peut
arriver à ce but.

Je ne saurais, au reste, mieux ter-
miner cet écrit, qu'en rapportant une
partie du discours que Louis XVI
adressa aux représentans de la nation,
dans une position-à-peu près semblable
àcelle où nous nous trouvons aujourd'hui,

(37)

« Que par-tout, disait-il, on sache que
« le Monarque et les représentans de la
« nation sont unis d'un même intérêt et
« d'un même vœu. Une volonté suivie,
« un effort général et commun sont ab-
« solument nécessaires pour obtenir un
« succès véritable. Vous vous occuperez
« sûrement avec sagesse et avec can-
« deur, de l'affermissement du pouvoir
« exécutif, cette condition sans laquelle
« il ne saurait exister aucun ordre du-
« rable au-dedans, ni aucune considé-
« ration au-dehors. Il est de votre de-
« voir, comme citoyens et comme fi-
« dèles représentans, d'assurer au bien
« de l'Etat et à la liberté publique, cette
« stabilité qui ne peut dériver que d'une
« autorité active et tutélaire. Ne pro-
« fessons tous, à compter de ce jour,
« qu'une seule opinion, qu'un seul in-
« térêt, qu'une seule volonté, une bonne
« Constitution, la paix, le bonheur et la
« prospérité de la France. »

Ce discours, que j'aurais désiré de transcrire en entier, contient les principes les plus sages. Il serait bon qu'il fût réimprimé, et distribué à tous ceux qui sont appelés à concourir à la confection de notre Charte constitutionnelle; ils y trouveraient des principes que les partisans du despotisme rougiraient peut-être de combattre.

FIN.